AF562221

ÉTUDE

SUR

MONTESQUIEU,

PAR

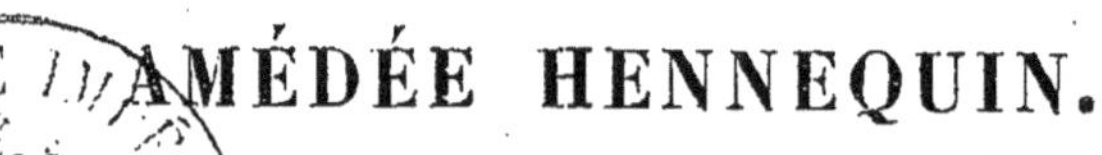

AMÉDÉE HENNEQUIN.

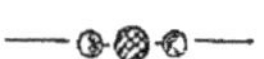

EXTRAIT DE LA REVUE DU XIXe SIÈCLE.

Paris,
IMPRIMERIE DE BÉTHUNE ET PLON,
RUE DE VAUGIRARD, 36.

1840.

MONTESQUIEU.

Les révolutions littéraires, non moins fréquentes dans ces derniers temps et aussi profondes que les révolutions politiques, tout en élevant beaucoup de renommées nouvelles à la place des réputations consacrées, ont respecté la gloire de Montesquieu. Ce nom célèbre n'a rien perdu de son retentissement; Montesquieu est toujours le premier de nos publicistes. Mais la connaissance de ses écrits est-elle aussi répandue que leur célébrité est grande? N'avons-nous pas justifié ces paroles de l'auteur de *l'Esprit des Lois* : « S'il m'est permis de prédire la for-
» tune de mon ouvrage, il sera plus approuvé que lu. De pareilles
» lectures peuvent être un plaisir ; elles ne sont jamais un amuse-
» ment (1). »

La gravité du sujet et l'application qu'il exige sont les moindres raisons qui éloignent des œuvres sérieuses de Montesquieu. Cet abandon tient à des causes plus générales. La politique, descendue du haut rang où les anciens l'avaient placée, est aujourd'hui plus avide d'expédients que de principes. Les théories ne sont que vanité pour des gens qui, aveuglément soumis à la religion du fait, ne reconnaissent plus dans l'histoire que la tyrannie de la fatalité, et non le règne de la Providence, servie par l'activité humaine. Depuis que le pouvoir est devenu accessible à tous, l'habitude de voir les affaires traitées par des hommes d'état improvisés, se suffire à elles-mêmes,

(1) MONTESQUIEU, *Pensées diverses.*

accrédite le préjugé que la science de gouverner, émule et pour ainsi dire rivale de Dieu, peut se contenter des simples lumières du bon sens vulgaire.

Quant à ceux qui ne professent pas pour les systèmes ce dédain superbe, ils font de 1789 l'ère de la politique ; et les événements prodigieux qui ont suivi cette date mémorable ont frappé à leurs yeux d'une caducité précoce toutes les idées antérieures. Si donc la renommée de Montesquieu est restée splendide et glorieuse, son œuvre a été délaissée ; on admire, on vante ce grand publiciste, mais ce n'est plus que sur parole. Il compte plus de panégyristes que de lecteurs.

La multitude des uns et le petit nombre des autres rendent bien difficile la tâche de quiconque serait tenté de soumettre Montesquieu à l'examen d'une critique respectueuse et sincère. La popularité qui l'entoure, d'autant plus irritable qu'elle ne sait guère sur quels titres elle s'appuie, et que le grand esprit qu'elle admire a tout le prestige de l'inconnu, s'offensera comme d'une injure de la moindre restriction que vous mettrez à vos éloges. On vous trouvera bien osé de venir troubler ce concert unanime, lorsqu'on ne vous demande que de convoquer autour d'un nom dont l'éloquence académique s'est emparée, le cortége obligé des plus magnifiques épithètes.

Pour éviter ce danger, on voudrait oublier l'auteur et ne considérer que l'homme ; mais on s'aperçoit bientôt que la biographie et la critique, ces deux branches de l'histoire littéraire, se nouent étroitement et se confondent dans l'étude de Montesquieu. Les œuvres qui ont illustré notre publiciste sont aussi ses actions les plus remarquables ; sa vie se résume tout entière dans la composition de *l'Esprit des Lois*. Dès ses premiers pas, je veux dire dès ses premières études, il en conçoit le plan. Les longues veilles, les voyages profitables qui l'avancent, les distractions qui l'éloignent de ce but qu'il ne perd jamais de vue, voilà toute l'histoire de Montesquieu. Supprimez les *Lettres Persanes*, les *Considérations sur la grandeur et la décadence des Romains*, *l'Esprit des Lois*, que vous reste-t-il d'une existence que ne recommandent ni l'importance des événements, ni l'éclat des aventures, ni la variété des épisodes ? Mille petites influences, mille détails, qu'il serait puéril d'exposer isolément, intéressent dès qu'on les place en regard des ouvrages où ils se reflètent et qu'ils expliquent. C'est donc en vain que l'on ne voudrait parler que du caractère de Montesquieu. On est entraîné malgré soi dans l'examen de son génie.

I.

Charles de Secondat, baron de la Brède et de Montesquieu, naquit le 18 janvier 1689, un siècle avant l'explosion de la révolution française, dont il devait être l'un des plus puissants et des plus involontaires promoteurs. Les opinions qu'il développa, les sentiments qui l'animaient étaient loin de tendre à ce but ; mais son influence sur la ruine de la monarchie, pour n'avoir pas été calculée, n'en fut pas moins active. Les soucis et les préoccupations politiques commençaient à travailler les esprits. Montesquieu, par l'attrait de son génie, fit d'un vague instinct une passion sérieuse et profonde. Dès-lors l'étude de ce qui touche aux affaires publiques absorba tous les penseurs. Il posa sur le gouvernement des règles et des principes ; on en abusa contre le pouvoir. Voilà comment Montesquieu précipita des événements qu'il n'avait ni prévus ni désirés.

Il est rare de rencontrer l'ambition et les violents désirs dans la condition moyenne où il vint au monde. Aucun des mobiles qui poussent aux révolutions ne pouvait agir sur son ame. Sa famille était noble, mais d'une noblesse que ne rehaussait pas l'ancienneté non plus que l'illustration ; elle devait son élévation aux rois de Navarre, et c'est par l'un de ces princes, celui qui devint notre Henri IV, que la terre de la Brède, où fut composé l'*Esprit des Lois*, avait été érigée en baronie. Soit tradition, soit instinct, Montesquieu se montra toujours pénétré du sentiment aristocratique. Maître de choisir sa destinée, son souhait eût été de descendre d'une de ces races héroïques qui, long-temps rivales des rois, remplissent tous les âges de notre histoire du bruit de leurs actions et de la grandeur de leurs services. Ces rêveries ambitieuses tournaient l'esprit du jeune Secondat. Sa noblesse lui paraissait bien pauvre au prix de ses désirs. Que lui semblait un nom qui ne remontait pas à trois siècles ! C'est à peine si des titres dont d'autres eussent tiré vanité justifiaient à ses propres yeux les sentiments aristocratiques qui dominèrent toute sa vie. « Je n'ai eu ni à rougir ni à m'enorgueillir de ma naissance, » nous dit Montesquieu d'un ton singulièrement mêlé de suffisance et de modestie. Au fond de l'âme, c'est un franc gentilhomme : il lui arrivera cependant d'affecter au dehors le dédain des avantages qui lui tiennent le plus au cœur ; il rira de son blason pour plaire aux philosophes. « Je fais faire, dira-t-il, une assez sotte chose, ma généalo-» gie. » Gardez-vous de le prendre au mot ; lorsqu'il parle ainsi, son seul regret est de ne pouvoir pas enfoncer dans un passé plus lointain et décorer de plus d'éclat l'humble tige de ses aïeux.

Montesquieu annonça de bonne heure un goût décidé et une rare aptitude pour la science. Il étudia profondément l'antiquité classique, et s'éprit d'une vive admiration pour les littératures grecque et romaine. Que la querelle du dix-septième siècle, au sujet de la prééminence des anciens et des modernes, se renouvelle, Lamotte trouvera dans Montesquieu un auxiliaire plein d'ardeur. Ce n'est pas assez pour ce jeune enthousiaste d'admirer Platon, Aristote, Cicéron, Plutarque, ses maîtres de prédilection; animé d'une sollicitude presque filiale, il va jusqu'à s'inquiéter de leur sort dans l'autre monde, et cherche à prouver que, pour avoir suivi le paganisme, ces grands hommes n'ont pas mérité le supplice d'une expiation éternelle. Tel fut le curieux sujet de son premier essai littéraire.

L'antiquité, qui donna l'éveil à l'imagination de Montesquieu, fut aussi le type sur lequel se modela sa raison. Il embrassa la philosophie dans toute l'étendue que les premiers penseurs avaient donnée à cette science, alors que l'esprit humain, s'appliquant à la découverte de la vérité avec plus de curiosité que de méthode, ne séparait pas, dans ses prétentions encyclopédiques, l'étude de l'ame de la connaissance des choses physiques. Montesquieu, loin de s'en tenir à cette teinture légère dont il est d'usage de se contenter, fit des sciences naturelles, à l'exemple de Bacon et de Descartes, un objet spécial de travaux approfondis. Les mémoires de l'Académie de Bordeaux, dont il était membre dès l'âge de vingt-cinq ans, renferment à côté d'un éloge du maréchal de Berwick et de plusieurs discours, précieuses promesses de son talent littéraire, des rapports sur différents problèmes de physique et de physiologie, proposés annuellement au concours que le duc de la Force avait fondé.

Esprit éminemment positif, Montesquieu poursuivait avec une ironie impitoyable les vaines hypothèses hasardées par les candidats, et les rappelait à l'observation patiente et minutieuse, au culte de la méthode expérimentale qu'il appliquait lui-même. Car ce n'était pas assez, pour ce travailleur infatigable, d'avoir reconnu les richesses déjà acquises: il voulut encore les accroître. Ses loisirs au château de la Brède étaient voués à de curieuses études sur les différentes branches de l'histoire naturelle (1). Affligé des malheurs dont des famines cruelles avaient couvert coup sur coup le midi de la France, il cherchait le moyen de prévenir le retour de ces années « si tristes pour les pauvres et mille fois plus encore pour les riches, » disait-il en homme, charitable peut-être, certainement économe, qui fait l'aumône, mais sans prodigalité. A l'entendre, le tort des savants était de ne considérer dans les végétaux que les vertus médicinales, sans se soucier des propriétés nutritives qu'ils peuvent contenir. Quant à lui, de l'analyse chimique de plusieurs substances dédaignées il concluait que le blé n'était pas la seule plante destinée à la nourriture habituelle de l'homme; et c'est ainsi qu'il mettait la science sur la voie des découvertes bienfaisantes qui de nos jours ont multiplié les ressources de l'alimentation.

Les sciences naturelles présidèrent aux premiers travaux de Montesquieu; elles faillirent absorber son génie, et peu s'en fallut qu'au lieu de se glorifier de son grand publiciste, la France n'eût un nom de plus à placer à côté de celui de Buffon. L'*Esprit des Lois* n'existerait pas, si Montesquieu avait persisté dans le projet d'un ouvrage immense, une histoire physique de la terre an cienne et moderne, dans laquelle il se proposait de rechercher l'influence des révolutions de la nature sur les vicissitudes de la vie des peuples. L'exécution d'un aussi vaste dessein réclamait le concours de tous les savants de l'Europe. Aussi vit-on paraître dans les journaux du temps une sorte de proclamation qui sollicitait des éclaircissements sur une série de questions habilement posées. Montesquieu promettait à ses collaborateurs à venir de leur laisser l'honneur de leurs découvertes; il s'engageait même, par une précaution naïve, à payer le port de leurs envois; louable désintéressement qui n'obtint pas sa récompense, appel qui ne fut pas entendu. Montesquieu, déjà président au parlement de

(1) MONTESQUIEU, OEuvres complètes, *Observations sur l'histoire universelle.*

Guyenne, entraîné vers d'autres soins par les devoirs de sa charge et la fantaisie de son esprit changeant, abandonna son idée. On peut cependant reconnaître dans l'*Esprit des lois* plusieurs matériaux destinés primitivement à l'histoire physique de la terre ancienne et moderne.

Lorsque Montesquieu, en publiant le projet de ce livre, révélait pour la première fois un nom qu'il n'avait pas encore eu le temps d'illustrer, le parlement de Bordeaux le comptait depuis quelques années au nombre de ses membres; reçu conseiller le 24 janvier 1714, il recueillit deux ans après, dans la succession d'un de ses oncles maternels, la charge de président à mortier. Les travaux littéraires et scientifiques auxquels il s'adonnait n'étaient qu'un délassement à l'étude aride du texte des lois, étude qu'il entreprit sans goût, et qu'il poursuivit sans succès. Le style inculte des légistes, et leur dédain cynique de toute forme littéraire, n'étaient pas faits pour plaire à ce jeune admirateur des anciens; son esprit, porté aux idées générales, se sentait accablé de tous les vains détails accumulés par l'érudition puérile et le pédantisme traditionnel. Montesquieu « plus attentif à la raison de la loi qu'à la loi même (1), » doit être rangé parmi les jurisconsultes éminents qui n'ont été que des praticiens médiocres. Il n'y met pas d'amour-propre; écoutez-le: « Quant à la procédure, je n'y en-
» tendais rien. Je m'y suis pourtant appliqué. Mais ce qui m'en a dégoûté
» le plus, c'est que je voyais à des bêtes le même talent qui me fuyait
» pour ainsi dire. »

Montesquieu demandait aux lettres l'oubli de ce labeur ingrat. Chaque soir son esprit se dédommageait des ennuis de l'audience par la composition des *Lettres Persanes*, qui parurent en 1721.

On était en pleine régence; vous eussiez dit une fronde nouvelle; partout la même agitation sérieuse et comique à la fois. Un vif entraînement vers le plaisir saisissait les mœurs. De toutes parts renaissaient, avec plus de prétention, l'amour de la satyre, le penchant à l'indépendance. Voici que les ruelles élargies se transforment en salons dont bientôt les maîtres seront tout puissants sur les gens de lettres, et par les gens de lettres domineront l'Europe entière. Que parlez-vous d'un

(1) D'Aguesseau, *Discours sur la vie et la mort, le caractère et les mœurs de M. d'Aguesseau, conseiller d'État.*

quatrain ou d'un sonnet? On veut d'autres nouveautés. Le goût de la politique germe dans tous les esprits. Donnez-leur donc un livre qui, sans oublier les modes éphémères et les travers du temps, sache renfermer dans un cadre ingénieux l'examen ironique des antiques institutions, des mœurs et des lois de la France ; entre deux tableaux licencieux, un aperçu piquant des questions les plus graves ne sera pas déplacé. Que l'auteur montre à la fois de l'audace et de la prudence. On lui saura gré de manifester son opposition par des allusions fines et voilées, plutôt que par des attaques directes. Au sortir du règne de Louis XIV, lorsque les traditions de soumission et de respect sont à peine effacées, trop de hardiesse effaroucherait.

Tel est le difficile programme que Montesquieu sut remplir. La donnée qu'il avait choisie se prêtait à merveille à son dessein. Des Persans voyageant en France font part à des compatriotes qui sont restés en Asie des observations malignes que leur suggèrent toutes les nouveautés qu'ils découvrent. L'ironie d'Usbeck n'épargne ni les hommes ni les choses ; elle risquerait de se compromettre, si l'eunuque Rustan ne vous donnait aussitôt le change par un récit complaisant des intrigues du sérail. Comment se fâcher? Comment prendre au sérieux un livre mutin et poli, qui sait si bien voiler sous des allures inoffensives la portée de ses attaques? La gloire du martyre ne tente pas Montesquieu. On peut le lire sans crainte ; il ne veut pas aller, et n'entraînera personne à la Bastille. Fines, variées, galantes, sceptiques, les *Lettres Persanes* avaient su deviner les penchants, flatter les goûts et les instincts contemporains. Pour les bourgeois, quel amusement de voir reproduit en miniature le Paris turbulent de la régence! les rentiers ruinés éprouvent quelque consolation en voyant Law bafoué, sous la figure d'un charlatan fils d'Éole et de la nymphe Calédonie. Sur tout ce qui touche à la politique et à la religion, les *Lettres Persanes* avaient atteint, sans la dépasser, la juste mesure de critique que l'on pouvait supporter. Leur succès fut éclatant, universel ; il tenta la tourbe des imitateurs, et les bibliomanes seuls sauraient vous dire combien on a essayé de plates et insignifiantes copies de ce modèle ingénieux.

Montesquieu, par déférence pour la dignité de sa robe, n'avait point signé les *Lettres Persanes*. Les mœurs de la magistrature se ressentaient déjà de la liberté de la régence ; la jeunesse des parlements s'écartait des austères traditions de ses devanciers. On se fût cependant scandalisé de voir un président à mortier si consommé dans les choses du sérail.

Quelques années plus tard, il eût été, ce me semble, difficile de lever l'anonyme que Montesquieu, par convenance, gardait aux yeux du public, mais qu'il découvrait volontiers dans le monde. Placées au seuil du dix-huitième siècle, les *Lettres Persanes* contiennent en germe, non-seulement les opinions que cette époque se chargera de développer, mais jusqu'aux manières particulières qui seront le cachet de ses principaux auteurs. Si, oubliant pour un moment la date de leur apparition, vous n'envisagez que le goût pour le paradoxe, vous serez tentés de les attribuer à J.-J. Rousseau; à Voltaire, pour l'ironie piquante et envenimée; à Crébillon fils, pour les finesses volupteuses d'un style plein de luxure. Le Discours contre les lettres est ébauché dans ce livre. Déjà est faite la part du scepticisme. Le Coran reçoit plus d'une attaque qui s'adresse à l'Évangile. On sent que Montesquieu cherche la voie qu'il doit suivre : il n'a pas conscience de son génie. Quelle faculté prendra le dessus dans son intelligence exubérante? Écrira-t-il *Émile, Candide* ou le *Sopha?* Il peut choisir; il ne sait pas encore. Ce n'est que plus tard que, laissant à d'autres le soin d'exploiter l'art funeste de tout détruire en se jouant, Montesquieu ne conservera de son premier genre que l'élégance incomparable, la vivacité, le trait; l'auteur des *Lettres Persanes* s'abandonnera davantage à la gravité et à la profondeur naturelles de sa raison, il écrira l'*Esprit des Lois*.

Ce brillant début éleva Montesquieu d'un accord unanime au premier rang parmi les gens d'esprit. Il est plus facile de descendre que de gravir les degrés de l'opinion; cette première impression favorable, mais incomplète et superficielle, ne devait pas s'effacer. Montesquieu aura beau manifester par des preuves irrécusables son génie d'historien et de philosophe; aux yeux de ses contemporains il ne sera jamais ni plus ni moins qu'un écrivain distingué, agréable et frivole.

Plusieurs bagatelles écrites à la légère, sous l'influence des salons, le *Temple de Gnide*, composé pour les lectures de mademoiselle de Clermont, *Arsace et Isménie*, *Céphise et l'Amour*, donnèrent prise à ce préjugé. Il serait injuste d'attacher à de pareils badinages plus d'importance que Montesquieu lui-même ne leur en prêtait. Peut-être même la critique ne peut-elle sans indiscrétion s'occuper de cette littérature qui, éclose au murmure flatteur des coteries, n'ambitionne point le suffrage des juges du dehors et ne vise point à la renommée. L'auteur est au comble de ses désirs lorsqu'il a obtenu de l'auditoire qu'il s'est choisi un succès dont il ne demande à personne la consécration. Aujourd'hui nous chercherions vainement l'attrait de ces productions oubliées. Le faux goût qui inspira les allégories mythologiques et les fades descriptions de l'amour sensuel, est bien passé de mode. Si l'on parle encore du *Temple de Gnide*, c'est pour remarquer le contraste que forme cette mignardise auprès de l'*Esprit des Lois*. On s'étonne et on regrette qu'après avoir applaudi ces jeux d'un talent plein de souplesse, le dix-huitième siècle ne s'en soit souvenu que pour contester l'autorité des œuvres sérieuses et durables de Montesquieu.

Cependant rien ne lui manqua de ce qui fait les bons livres, ni le loisir, ni la maturité. Le temps de l'*Esprit des Lois* n'est pas encore venu, et déjà Montesquieu ne peut souffrir que les soins de la magistrature le détournent des études générales, par lesquelles il se prépare à ce grand œuvre. C'est un trop cruel supplice pour lui de voir les affaires judiciaires venir chaque jour, comme des ennemis sans cesse renaissants, mettre son temps au pillage. L'occasion de se démettre de sa charge s'étant présentée en 1720, il s'empressa d'en profiter.

L'ignorance des formes compliquées de la procédure et une extrême difficulté à parler en public rendaient pénibles à Montesquieu les fonctions de président; il n'était pas, il ne pouvait pas être orateur. Toutes les qualités de son esprit qui nous charment à la lecture paraissaient à ses auditeurs autant de défauts. Pour eux, sa concision naturelle n'était plus que sécheresse. Le lecteur, marchant à ses heures, libre de reposer à son gré son esprit fatigué, peut suppléer aux transitions qui manquent et assembler des idées qui n'ont pas entre elles de liaison apparente. Mais les auditeurs, enchaînés aux pas de l'orateur, ne s'accommodent pas d'une allure trop brusque et sans égard pour les retardataires. Montesquieu, dont l'élocution était aussi embarrassée que sa conception était vive, se faisait mal comprendre. Il souffrait de se sentir en public inférieur à lui-même, et de ne pouvoir convaincre de son talent ceux qui l'écoutaient. Ajoutez, pour surcroît de malheur, l'accent gascon qui, rebelle à des efforts opiniâtres, venait l'importuner de ses notes criardes et achevait la déroute. Une fois cependant Montesquieu rencontra l'éloquence. Le discours qu'il prononça, en 1725, à la rentrée du parlement de Bordeaux, est peut-être le chef-d'œuvre des Mercuriales. La chaleur et l'amour qu'il mit à peindre le magistrat fidèle à ses devoirs, le mépris et la honte dont il couvrit le juge qui se laisse corrompre par l'intrigue ou par l'argent, sont de beaux témoignages de la conscience qu'il apportait dans l'exercice de ses fonctions.

Rentré dans la vie privée et dans l'indépendance pour laquelle il était né, l'auteur des *Lettres Persanes* fut porté, par la faveur du monde littéraire, au fauteuil que la mort de M. de Sacy laissait vacant à l'Académie française. Son élection fut contrariée un instant par le cardinal Fleury. Le désaveu de quelques passages qui se ressentaient d'une jeunesse trop fougueuse fut exigé; les témérités excessives passèrent sur le compte d'un éditeur de Hollande; et, tous les scrupules satisfaits, l'Académie s'empressa d'admettre dans son sein un talent dont elle pressentait l'avenir (le 24 janvier 1728). A peine Montesquieu avait-il prononcé son discours de réception, l'une des mille preuves des espérances qui saluèrent l'avénement de Louis-le-Bien-aimé, qu'il entreprit un long voyage.

Les artistes parcourent l'Europe pour explorer les monuments et les musées. Le futur auteur de l'*Esprit des Lois* se mit en route dans le dessein de voir de ses propres yeux le jeu des différentes constitutions qu'il devait décrire, et d'étudier de près les hommes et les choses politiques. Dévoué à sa patrie, mais supérieur aux préventions indigènes, il aimait à se considérer comme le citoyen de l'État qu'il visitait, et tout gouvernement régulier attirait pour un moment son patriotisme nomade. Après avoir parcouru l'Allemagne jusqu'à Vienne, puis la Hongrie, il entra en Italie par Venise. Dans cette ville, Montesquieu se rencontra avec Law. Le malheureux financier ne réussit pas à convaincre notre voyageur du désintéressement et de la solidité de ses plans gigantesques. Les *Lettres Persanes* n'avaient pas épargné l'auteur du *Système* (1); l'*Esprit des Lois* est revenu à la charge (2). Montes-

(1) *Lettres Persanes*, lettre CXLII.

(2) *Esprit des Lois*, liv. II, chap. IV.

quieu eût peut-être consenti à oublier le tort que Law avait fait au crédit de la France; mais avoir donné au régent l'insolent conseil de supprimer les parlements, c'était un crime irrémissible.

Si des rapports d'éducation et d'habitude on est en droit de conclure la sympathie des impressions, on peut, d'après les curieuses lettres d'un contemporain, le président de Brosses, se figurer l'effet que l'Italie produisit sur Montesquieu. Ce dut être de la part des deux voyageurs même dédain des œuvres du moyen-âge; même défiance contre les mœurs et les institutions catholiques; même culte sincère et sans affectation des traditions et des monuments de l'antiquité. « Rome est toute extérieure, » disait Montesquieu, encore plus frappé de la grandeur de l'aspect que de la majesté des souvenirs, et cherchant sous la ville pontificale les vestiges de la cité des empereurs.

Tout en nous réduisant à glaner dans le court recueil de ses lettres familières et dans l'ensemble de ses œuvres les traits épars de sa biographie, Montesquieu ne nous a pas permis d'ignorer que son passage à travers l'Italie fut un triomphe. L'éclat de sa réputation et de son esprit, l'ascendant que le caractère français exerçait à cette époque réunirent autour de lui les hommes les plus illustres; le cardinal de Polignac, le cardinal Corsini, qui devint pape sous le nom de Clément XII, et l'abbé comte de Guasco, se faisaient remarquer dans ce cortége empressé; les académies tenaient à honneur de recevoir le célèbre écrivain. Les sonnets louangeurs pleuvaient sur lui. Seule, la ville de Gênes resta muette au milieu de ce concert d'adulations, et ne quitta pas ses livres de banque pour voir passer l'auteur des *Lettres Persanes*. L'amour-propre de Montesquieu, gâté par tant d'ovations, s'irrita, et, pour se venger, lança contre la béotienne une boutade assez grossière dans le genre de Scarron.

La Suisse, la Confédération Germanique et la Hollande furent successivement visitées par Montesquieu; à la Haye il retrouva milord Chesterfield, avec qui il s'était lié à Venise. Les Anglais étaient, au dix-huitième siècle, la nation à la mode; déjà se répandaient parmi nous l'imitation de leur littérature, l'engouement de leurs mœurs et la superstition de leurs institutions politiques. Quiconque aspirait au titre de philosophe devait s'imposer comme une épreuve nécessaire le voyage à Londres. Ce n'était pas assez. On dirait que l'Angleterre avait dépêché tout exprès quelques-uns de ses esprits les plus distingués pour dominer nos principaux auteurs. Voltaire et Buffon eurent pour initiateurs et pour mentors, l'un, milord Bolingbroke, l'autre, le duc de Kingston. Ce fut à milord Chesterfield, orateur brillant, habile homme d'État, de remplir auprès de Montesquieu cette mission singulière. Une fois maître de lui, il lui fit traverser la mer sur son yacht; à Londres, il se posa comme son introducteur dans la haute société et son maître de politique. Montesquieu puisa dans un séjour de deux années en Angleterre une connaissance complète de la forme de gouvernement qu'il avait sous les yeux; il admira passionnément le mécanisme de cette constitution. Quant aux mœurs et au caractère de la nation anglaise, il fut loin de s'en éprendre aussi vivement que Voltaire.

De retour dans sa studieuse retraite de la Brède, l'esprit élevé et agrandi par le commerce des personnages importants de son temps et par le spectacle du monde européen, Montesquieu, dès-lors en pleine possession de son génie, jeta le fondement de sa gloire, en écrivant le beau livre des *Considérations sur les causes de la grandeur et de la décadence des Romains*.

Montesquieu n'est pas un historien descriptif. Il n'élève pas un théâtre pour donner les événements en spectacle; il ouvre une grande école politique. Son point de départ, c'est la croyance à la stabilité des lois qui régissent les choses. Il sait que les mêmes causes en se reproduisant ramènent des conséquences identiques. L'étude du passé est donc la plus sûre explication du présent, et la meilleure conseillère pour l'avenir.

Montesquieu admet la logique de l'histoire; mais des deux actions d'où naissent les faits, l'action divine et l'action humaine, il ne considère que la seconde. Que la philosophie de l'histoire essaie de pénétrer le mystère de la liberté et de la simultanéité de cette double influence; qu'elle prenne pour devise la belle pensée du sieur de Balzac : « Dieu est le poète, les hommes ne sont que les acteurs; » qu'elle essaie de découvrir le doigt de la Providence dans la conduite des événements, et d'interpréter, d'après ses conseils passés, ses desseins futurs. Montesquieu n'est point tenté par cette science prophétique, d'autres disent augurale. Ne lui demandez donc pas quel rôle imposé d'en haut le peuple romain est venu jouer dans le monde, de quelle volonté de Dieu il a été si long-temps le soldat fortuné. L'auteur des *Considérations* ne s'inquiète pas du but final des événements. Pourquoi cette mémorable alternative de grandeurs et de misères, il l'ignore ; ce qu'il sait, ce qu'il veut vous enseigner, c'est comment les nations s'élèvent si haut, comment elles s'abîment. On ne vous dira pas à quoi tend la victoire ou la défaite ; qu'il vous suffise de connaître les causes qui produisent les succès et les revers. Montesquieu a pu emprunter au Discours sur l'histoire universelle quelques-uns des points de vue supérieurs qui abondent dans son histoire ; cependant ce n'est pas de Bossuet qu'il procède ; pour le système et la méthode, c'est un élève de Machiavel.

Il sera difficile d'entrer plus avant que ne l'a fait Montesquieu dans la constitution de l'état romain, de pénétrer plus profondément les secrets de cette organisation puissante qui a résisté si long-temps aux agitations du Forum. Qui pourrait mieux faire ressortir la tradition du sénat romain, stable et constante au milieu des changements que l'élection populaire introduit sans cesse dans les hommes et dans les choses ? Montesquieu ne pèche pas par excès d'idéal ; toutefois la durée des institutions n'est pas à ses yeux la seule épreuve de leur mérite ; il n'a pas, sur les moyens par lesquels on réussit, l'insouciance de son maître, et ne conserve pas, en racontant les heureuses perfidies de la politique romaine, cette impassibilité que l'on a reprochée à Machiavel comme une approbation tacite.

Le développement externe de la puissance romaine n'est pas traité par notre historien avec moins d'attention que le progrès de l'organisation politique. Il arrive même à Montesquieu, tout préoccupé qu'il est de Polybe et des historiens stratégistes dont il avait fait une étude spéciale, de tout attribuer à l'action militaire. Il oublie (Machiavel le lui avait pourtant enseigné) que la force ou la faiblesse de la discipline dans les armées est toujours la conséquence et jamais la cause d'une civilisation virile ou efféminée. Voulez-vous un exemple de cette tendance à faire prédominer dans l'explication des faits historiques l'action matérielle sur les influences morales ? Dites-moi comment il s'est fait que Rome n'ait pas été emportée dans le tumulte gaulois. Comment a-t-elle résisté aux invasions réitérées de ces barbares ? Vous allez me répondre qu'ils ont bien pu surprendre un moment une nation déjà policée, mais que tôt ou tard l'ascendant d'une civilisation que n'avait pas encore énervée la mollesse devait l'emporter et faire chèrement expier aux vainqueurs leur succès passager. Des mille raisons que l'on pourrait donner, voici celle que choisit Montesquieu : « Le bouclier des Gaulois était petit et leur épée mauvaise (1). » Les prodigieuses conquêtes de l'islamisme, vous les accordez sans hésiter à l'indomptable courage que la croyance au fatalisme inspire : erreur, imagination ! la supériorité de la cavalerie arabe n'est-elle pas là pour tout expliquer (2) ? Grand avantage assurément, qui peut bien décider du sort d'une, de deux, de plusieurs batailles, mais qui ne nous donne pas le secret du long et invincible élan de la puissance musulmane ; les croisades l'avaient fatigué sans l'abattre, et ce ne fut que bien des siècles après qu'il vint tomber, sous les murs de Vienne, aux pieds de Sobieski.

On sait avec quelle énergie Montesquieu condense les faits et resserre les idées. La concision de son style est merveilleuse ; mais s'il peut, dans le cadre restreint qu'il s'est choisi, indiquer tous les événements notables, il ne lui est pas donné de suivre leur travail à travers les siècles, et d'éviter toujours le défaut des résumés, qui consiste à confondre le moment où les faits font explosion au dehors, et le jour latent de leur conception. Les vues de l'historien sont nettement et vivement tracées, mais il n'obtient ce relief qu'en négligeant tous les accidents qui rompraient la rigueur de ses lignes. C'est pourquoi il vous transporte d'un seul bond à l'apogée de la fortune romaine, et comme il vous a montré ce peuple grandissant d'un seul essor, il vous le fera voir s'affaissant tout-à-coup, sans tenir compte ni des obstacles qui l'ont arrêté dans sa croissance, ni des crises favorables qui ont ralenti sa décrépitude. L'esprit systématique de Montesquieu va droit au but qu'il s'est tracé. Il court, il dévore les événements qui le détourneraient de sa route ; le sillon qu'il s'ouvre dans le champ de l'histoire n'est pas aussi large qu'il est profond.

Tels sont les défauts de sa méthode. L'espace manque à Montesquieu pour exprimer tout ce qu'il sait, peut-être n'ose-t-il pas dire tout ce qu'il pense. Personne ne l'accusera de ne pas avoir vu la part énorme que le christianisme a prise à la ruine de l'ancien monde. D'où vient donc que pour lui ce fait capital ne figure que sur le second

(1) *Considérations sur la Grandeur et la Décadence des Romains*, chap. IV.

(2) *Ibid.*, chap. XXII.

plan de l'histoire? Est-ce que Montesquieu, sous le feu de Voltaire, se sentirait mal à l'aise pour parler sérieusement de la religion chrétienne? Fâcheuse faiblesse : non-seulement elle fait suspecter la sincérité de son œuvre, mais elle ne lui permet pas de la compléter.

Lorsque l'invasion barbare s'abat sur l'empire romain, l'unité de lieu et d'action, que Montesquieu a suivie rigoureusement, se brise ; le théâtre de l'histoire ce n'est plus Rome, ce n'est plus l'Italie, c'est le monde entier. Entre cette foule de royautés nouvelles qui s'élèvent sur les débris de l'antique puissance, il n'y a pas d'autre lien que le christianisme. Supprimez-le de votre récit, vous tombez dans une confusion inextricable. La sagacité de Montesquieu ne s'y trompe pas. Comme il n'ose pas prendre en main le seul fil qui puisse le guider dans ce dédale d'événements, de peur de manquer le tableau de la rénovation du monde par les barbares, il néglige de le peindre; il décrit en quelques traits la fin de l'empire d'Occident, qui par l'influence de ses mœurs, de ses institutions, de ses lois, survécut si long-temps à sa chute officielle: le long règne posthume de la civilisation romaine est laissé dans l'oubli. Il est vrai que Montesquieu, passant à Constantinople, nous déroule dans toutes ses phases l'agonie du dernier débris du monde romain, et se plaît à nous montrer cette mort hâtée par les déchirements des schismes et l'abus des discussions religieuses.

Niebuhr, en bouleversant avec sa critique novatrice les premiers siècles de l'histoire romaine, en reléguant dans le domaine de la mythologie tout ce que les livres classiques nous ont enseigné sur les rois de Rome, semble avoir dépassé de bien loin Montesquieu. On peut penser en effet que dès que l'on admet la légitimité de cette révolution, la première partie des *Considérations* perd toute autorité ; car Montesquieu ne croit pas avec moins de candeur que Rollin lui-même à la réalité de Romulus, de Numa Pompilius et de tous ces personnages que l'on regarde aujourd'hui comme la personnification poétique des travaux de tout un cycle. Cette discussion, au moins en ce qui concerne notre sujet, est loin d'avoir l'importance que les érudits affectent de lui donner. Que Tite-Live soit un historien positif ou un mythologue, que ses annales, chronique exacte et authentique ou collection des traditions populaires des premiers âges, nous aient transmis soit des faits, soit des symboles, c'est aux biographes et aux chronologistes de le savoir. Quant à Montesquieu, de la hauteur où il s'est placé, il plane sur toutes ces vicissitudes de la science. Mythe ou histoire, qu'importe, s'il a saisi et retracé la véritable physionomie des commencements de Rome, si son admiration pour la grandeur de la ville éternelle ne lui a pas fait dissimuler la petitesse et la misère de ses origines?

C'est qu'en effet la sagacité du sens historique qui découvre le fond des choses, indépendamment des détails variables et incertains, assure l'immortalité des *Considérations*. La portée des vues, la richesse de la pensée et la beauté du style feront toujours regarder ce livre comme le digne préambule de l'*Esprit des Lois*.

II.

Il y avait déjà long-temps que Montesquieu, en publiant sous le voile de l'anonyme *le Temple de Gnide*, et comme pour se faire pardonner par les gens graves cet ouvrage frivole, promettait « un livre » de douze pages auquel l'auteur travaillait depuis trente ans et qui » devait contenir tout ce que nous savons sur la métaphysique, la po» litique et la morale, et tout ce que de grands auteurs ont oublié » dans les volumes qu'ils ont donnés sur ces sciences-là (1). » Ce livre de douze pages n'était rien moins que *l'Esprit des Lois* dont les lecteurs des *Considérations sur la Grandeur et la Décadence des Romains* attendirent l'apparition pendant quinze années.

La vie de Montesquieu, durant cet intervalle, se partage entre Paris et la Brède. A le suivre dans ces deux séjours, à le voir ici, livré aux dissipations du monde, là-bas, poursuivant patiemment ses immenses travaux, on dirait deux personnes, deux caractères; et cette alternative continuelle du plaisir et de l'étude, ce contraste des émotions les plus diverses, explique la double inspiration qui, se disputant son génie, fit sortir de la même main les plus légères et les plus sérieuses productions, et créa l'assemblage bigarré de ses œuvres complètes.

(1) *Le Temple de Gnide.* — Préface du traducteur.

A Paris, M. de Montesquieu est un homme à la mode ; la célébrité dont l'éclat de ses succès littéraires et le retentissement de ses voyages ont entouré son nom, le fait rechercher de tous les salons où l'on se pique d'accueillir les illustrations et d'apprécier les gens d'esprit. Montesquieu compose avec Fontenelle, Mairan, Marivaux et Helvetius la société intime, la *ménagerie* de madame de Tencin. *Le Président* est un des convives les plus assidus et les plus fêtés des dîners de madame Geoffrin et des soupers de madame du Deffand. D'autres tirent vanité des empressements dont ils sont l'objet. Montesquieu s'autorise de la faveur du monde pour ne faire aucune concession aux coteries qui vont au-devant de lui, et pour rester complètement original dans ses goûts, ses manières et ses opinions. Il s'est fait passer pour distrait, et cultive soigneusement cette réputation, excuse préméditée de ses négligences volontaires. La société n'est pour lui qu'un délassement ; il se reprocherait de se donner pour elle la moindre peine. « Je n'aime, dit-il, que les maisons où je puis me suffire avec mon esprit de tous les jours. »

Le monde prétentieux et affecté que le président fréquentait habituellement lui faisait rarement goûter cette satisfaction ; ce n'était point chez madame de Tencin ni chez madame du Deffand que l'on savait apprécier l'heureuse négligence d'une causerie familière. Dans ces salons qui m'ont tout l'air d'une académie littéraire ou d'un club philosophique, la conversation quittait rarement les allures de la dissertation. Au rendez-vous que les beaux esprits se donnaient à jour fixe, chacun apportait sa phrase à effet, son anecdote étudiée, son mot fin, sa maxime profonde, et, dans l'impatience d'éclipser son voisin, attendait avec anxiété le moment de jouer à propos l'improvisation. Quant à Montesquieu, plus souvent juge qu'acteur, il demeurait volontiers dans la quiétude d'un auteur que sa renommée acquise dispense de faire ses preuves. Heureux de voir se justifier la vérité de l'axiome qu'il a posé : « Celui qui vise l'esprit attrappe la sottise, » il ne recherchait ni l'honneur ni le péril du premier rôle. Décidé à s'amuser à tout prix, il savait tirer parti de toutes les rencontres. Quel appréciateur délicat du mérite des gens, mais aussi quel moqueur ingénieux ! qu'il est habile à saisir et à mettre en relief le côté risible des manières et des discours ! On n'écoute pas les platitudes et les niaiseries avec une bonhomie plus touchante ; l'air d'intérêt qu'il sait prendre met en confiance les plus soupçonneux, si bien que la timidité dont il se plaint souvent n'était peut-être que l'expiation de son penchant à saisir le ridicule chez les autres, et la crainte d'encourir, en entrant en scène, de justes représailles.

On s'étonnait de la faveur qui entourait un personnage si peu disposé à se mettre en frais pour les autres, alors que le code de la politesse renfermait tant de lois compliquées, aujourd'hui abrogées par désuétude. Le marquis d'Argenson (1), dans le piquant portrait qu'il a tracé du président de Montesquieu, s'étonne d'un succès qui renverse toutes les traditions. « M. de Montesquieu n'a point de galanterie, dit-il, il ne fait que peu ou point de vers. » En effet, c'est à peine s'il savait tourner un madrigal, sous le règne des madrigaux. Un portrait en vers de la duchesse de Mirepoix, composé à Lunéville pour l'amusement du roi de Pologne, et quelques chansons, voilà tout son bagage poétique, mince trésor pour un contemporain de Gentil-Bernard et de Dorat. « Cependant on le trouve aimable dans la société, poursuit M. d'Argenson, indépendamment de la galanterie et de la poésie. » Les mémoires du temps témoignent des nombreuses et éclatantes bonnes fortunes de M. de Montesquieu. Il faut en croire ces chroniques, qui, rédigées par des gens clairvoyants par nature et indiscrets par métier, ne peuvent manquer d'être bien informées.

Chaque siècle a son héros de boudoir ; au dix-huitième siècle toute la faveur du monde était acquise à l'homme de lettres. Il n'était point de triomphe au-dessus de son ambition. Aux yeux de ces femmes, singulier mélange de prétentions sérieuses et frivoles, précieuses d'un nouveau genre qui, selon l'expression que Voltaire appliquait à madame du Châtelet, *aimaient la philosophie et le pompon*, l'homme de lettres avait un prestige irrésistible. Vous eussiez cependant gravement offensé M. de Montesquieu en le confondant avec ces pauvres gens dont la littérature est la profession. S'il compose des livres, ce n'est point qu'il fasse son métier d'écrire; c'est une manie qu'il a d'occuper ainsi ses loisirs; mais loin de lui la pensée de rechercher dans ces passe-temps le moindre lucre. Le revenu de ses terres suffit amplement à son train de gentilhomme. Si Montesquieu se défendait du titre qu'il ne pouvait pas toujours éviter, au moins

(1) *Mémoires du marquis d'Argenson.* — Le président de Montesquieu.

était-il forcé de reconnaître que sa réputation littéraire était son plus grand attrait auprès des femmes. Peu sujet à l'illusion, il ne s'abusait pas sur la fragilité de ces liens que la vanité noue pour un moment, et que la satiété vient bientôt rompre. Au milieu de ces intrigues, Montesquieu resta toujours maître de lui-même; il se livra aux amusements du monde, sans se laisser emporter par eux, et le temps qu'il avait d'avance accordé aux joies profanes une fois écoulé, il n'avait aucune violence à se faire pour revenir à l'étude qui eût été sa véritable, sa constante passion, si dans cette ame tempérée la passion avait pu se faire jour quelque part.

A la Brède, autre vie, autres mœurs; de retour dans son château, Montesquieu reprend les austères habitudes de la famille, sans même regretter les plaisirs qu'il vient de quitter. Il ne songe plus à Paris, si ce n'est que pour accuser « l'ineptie, la folie de cette ville, que l'on prétend donner des plaisirs parce qu'elle fait oublier la vie (1). » Du fond de sa retraite, il juge les mœurs de son époque avec une curieuse sagacité et une franchise singulière. Le ressentiment de l'homme studieux qui déplore le temps qu'il a dissipé est encore excité chez lui par les appréhensions de l'esprit provincial qui prévoit et redoute les envahissements de la capitale (2). Il est animé tout à la fois contre Paris de la pieuse horreur d'un prophète, témoin des scandales de Babylone, et de la jalousie d'un Latin qui a vu quelques Romains épars dans le Forum décider en souverains du sort de sa colonie. Par le Code de Justinien et les Capitulaires de Charlemagne étendus sur sa table de travail, il jure de ne plus revoir cette cité maudite. Cependant, comme s'il se défiait de lui-même, il entretient ses relations avec Paris par quelques billets, écrits il est vrai de mauvaise grace. On dirait qu'il se connaît assez pour savoir qu'une fois l'ivresse du travail apaisée, il ira, en dépit de ses serments, retremper dans les agitations de la grande ville son esprit accablé; mais profitons de ce que pour le moment il est tout entier à ses affaires, à ses études.

Montesquieu avait épousé, le 3 avril 1715, mademoiselle Jeanne

(1) Lettre 15, à Mgr. Cerati.

(2) En France, il n'y a que Paris et les provinces éloignées qui soient quelque chose parce que Paris ne les a pas encore dévorées. — Lettre 6, à l'abbé Niccolini.

de Lartigues, fille d'un lieutenant-colonel au régiment de Maulévrier. De ce mariage étaient nés un fils et deux filles. Montesquieu s'attribue le mérite d'avoir été un bon père de famille, tout en s'affranchissant, observe-t-il, *des menus détails ;* on peut conjecturer, d'après sa manière d'être, que cette restriction doit s'entendre de tous les devoirs qui eussent contrarié ses goûts et ses habitudes. Mais au moins une vertu domestique qu'on ne peut lui refuser, c'est l'économie, c'est le soin et l'entente de ses intérêts. Au défaut de la sollicitude naturelle pour les siens, son zèle aristocratique pour la dignité de son nom lui aurait fait une loi de surveiller de près sa fortune. Aussi l'administrait-il lui-même. En même temps que des amis qu'il avait laissés dans les pays où il avait voyagé lui signalaient, comme des vigies avancées, les productions nouvelles des sciences et des arts, d'autres correspondants étaient chargés de faire la réputation et d'assurer le débit de ses vins. Le placement des récoltes de la Roche-Maurin ou de Clérac, qui composaient la plus grande partie de son revenu, ne l'intéressait pas moins que le succès de ses livres.

Montesquieu n'avait pas seulement les soucis ; il goûtait aussi les délices, il était possédé des manies de la propriété. S'il ne s'amusait pas, comme Buffon, à revêtir un habit doré pour recevoir l'hommage de ses vassaux, ce n'est pas qu'il fût moins jaloux que le seigneur de Montbar de ses droits honorifiques. Au demeurant, suzerain familier, il aimait à causer avec ses paysans, qu'il ne trouvait pas assez savants pour raisonner de travers. Son activité s'exerçait avec la même ardeur sur les petites et sur les grandes choses. L'ajustement de son château, l'embellissement de son parc, qu'il transformait en jardin anglais, la plantation de ses bois, l'élève de ses chevaux, le tracé de ses allées, le défrichement de ses landes étaient pour lui de sérieuses occupations ; il passait, sans les plaindre, de longues heures avec l'*Éveillé,* son chef de manœuvre. A force de persévérance, il réussit à faire de son domaine un lieu charmant qu'il était fier de montrer à ses amis, et dont il parle sans cesse dans ses lettres avec ravissement, et presque sur le ton de l'extase. Le château lui plaisait moins que le parc ; d'accord sur ce point avec son siècle, il méprisait le style gothique, et ne pouvait pardonner à la Brède son pont-levis, ses fossés et ses tourelles, malgré l'aspect féodal.

Au milieu de ces soins divers, l'*Esprit des Lois* s'élevait lentement. Montesquieu poursuivait avec calme et désintéressement ces études profondes auxquelles ses contemporains, trop entraînés par les agitations du monde, n'eurent pas le loisir de s'appliquer. Il ne faut pas croire que les théories de l'*Esprit des Lois* soient l'œuvre d'un jour. Qu'on ne confonde pas de riches et fécondes synthèses, formées par l'analyse patiente et la méditation comparée des institutions politiques de tous les peuples, avec ces brillantes, mais creuses généralités, soufflées par l'imagination et gonflées par la phrase. Le livre *de l'Origine et des Révolutions des lois civiles en France* coûta à Montesquieu trois mois d'un travail opiniâtre, qui fit blanchir ses cheveux et faillit le tuer (1). Des veilles prolongées le rendirent presque aveugle. L'assistance de l'abbé Duval, son secrétaire, lui devint indispensable ; lorsque celui-ci demandait grace, mademoiselle de Secondat venait le suppléer. C'était une personne d'un grand mérite, mais qui ne possédait pas, sur les matières spéciales dont s'occupait son père, l'érudition qui singularisa une de ses contemporaines, mademoiselle de la Lézardière, et son étonnement naïf, son effroi à la vue des mots barbares de Marculfe ou des Capitulaires, égayaient les longues soirées qu'elle passait, lectrice résignée, dans la bibliothèque de la Brède.

A mesure que Montesquieu avançait dans ses travaux, l'immense carrière qu'il avait embrassée s'élargissait ; chaque difficulté résolue l'exhaussait, et du haut de cet obstacle vaincu, mille difficultés lointaines s'offraient à sa vue. Que de fois il fut tenté d'abandonner une œuvre dont le terme trompait sans cesse ses efforts ! Peut-être l'*Esprit des Lois*, avec ses courts chapitres, approfondis isolément, mais dont la liaison réciproque est indiquée plutôt que nettement établie, se ressent-il des interruptions dont la fatigue et le découragement semèrent les études de l'auteur. Le suffrage éclairé de deux amis de Montesquieu, le président Barlot et le comte de Guasco, finit cependant par triompher de ses incertitudes et de ses hésitations. — L'*Esprit des Lois* parut à Genève, en 1748.

En se séparant du grand ouvrage qui avait été le compagnon de sa vie, le confident de toutes ses pensées, le but et le centre de ses études, Montesquieu dut éprouver cette émotion de regret et d'espérance que Gibbon nous peint dans ses Mémoires. Plus il savait son

(1) *Lettre* 31. A Mgr. Cérati.

œuvre grave et digne d'être méditée, plus il redoutait pour elle le jugement de son temps, que Voltaire avait habitué à ne recevoir la pensée sérieuse que sous le masque de la plaisanterie. La justice qu'il se rendait dans sa préface de ne pas avoir totalement manqué de génie ne le rassurait pas sur la fortune de son livre, tant il connaissait par quels maîtres frivoles l'opinion se laissait conduire.

Que n'avait-il pas imaginé pour séduire le faux goût qui régnait, et pour mériter l'éloge des beaux esprits, arbitres souverains du succès? Un moment il songea à placer en tête de son livre une invocation aux muses (le Temple de Gnide dans l'*Esprit des Lois!*); puis il renonça à ce prologue mythologique que ses contemporains eussent sans doute fort applaudi, mais dont aujourd'hui on ne louerait guère l'à-propos. Pour flatter la curiosité que les récits des voyageurs avaient attirée sur les mœurs des nations de l'Orient et sur les coutumes des sauvages, il avait ramassé de toute part, sans trop de critique ni de profit, des détails excentriques sur une foule de peuples et de peuplades de tous les coins du monde. Les habitants de Ceylan, de Formose et de Macassar, de Pégu et de Patane, les Japonais, les Chinois, les Natchez se donnent la main dans l'*Esprit des Lois* et composent un pêle-mêle plus bizarrre qu'instructif. Montesquieu osa davantage, et mettant en pratique le conseil qu'il donnait à son ami l'abbé de Guasco en lui adressant ces paroles : « Vos recherches vous » feront lire des savants, un trait de galanterie vous fera lire de ceux » qui ne le sont pas (1), » il traitait avec complaisance de scabreuses questions, qui étaient bien placées dans les *Lettres Persanes*, et ne tempérait pas assez cette verve (oserai-je dire gasconne?) qui, éclatant parfois au milieu des plus graves considérations, vous rappelle tout-à-coup Montaigne en joyeuse humeur, peut-être même Brantôme (2).

Montesquieu, par ces concessions aux faiblesses de ses contemporains, voulait les prévenir en faveur de son livre et leur dissimuler la profondeur de ses travaux sous quelques dehors frivoles. On le prit au mot. Il avait fait briller son esprit pour se donner le droit d'exercer tout à son aise son austère raison; mais le monde, qui ne voyait en lui

(1) Lettre 18e. A l'abbé de Guasco.
(2) Voir la plaisanterie sur le droit de jambage et plusieurs autres, *passim*.

que l'auteur des *Lettres Persanes*, plutôt que de rétracter le jugement qu'il avait inconsidérément porté sur les essais d'un jeune homme, refusa de prendre au sérieux l'*Esprit des Lois*. On affecta de confondre le fond de l'ouvrage avec les traits capricieux dont l'auteur l'avait brodé. Montesquieu avait beau recommander de ne pas juger sur la lecture d'un moment le travail de vingt années, d'approuver ou de condamner le livre tout entier, et non pas quelques phrases; vaines prières. L'accessoire fut pris pour le principal; on jugea de l'ensemble d'après quelques détails. Madame du Deffand, peut-être déjà proche du temps où, de son propre aveu, ses facultés affaiblies la réduisaient pour toute lecture au conte de Peau-d'Ane, ne se condamna pas à un long commerce avec l'*Esprit des Lois* avant de lancer son mot célèbre : « C'est de l'esprit sur les lois. » — La femme d'un fermier-général, madame Dupin, se mêla aussi d'exprimer son avis dédaigneux, mais du moins elle se donna le temps de lire avant de publier, de concert avec son mari et deux jésuites, les pères Plesse et Berthier, un gros volume d'observations critiques. En même temps, les jansénistes dans les *Nouvelles ecclésiastiques* et les jésuites dans le *Journal de Trévoux* préludaient à une opposition violente.

Montesquieu parut assez peu touché de ces clameurs. Il disait plaisamment : « Je me trouve être comme les gens neutres que le grand » Cosme de Médicis comparait à ceux qui habitent le second étage » des maisons, et qui sont incommodés par le bruit d'en haut et par » la fumée d'en bas (1). » Son projet de ne pas se défendre devant des juges dont il avait le droit de décliner la compétence était bien arrêté. Cependant on lui persuada qu'il y allait de son honneur de repousser l'agression passionnée des *Nouvelles ecclésiastiques*, et, cédant aux sollicitations de ses amis, il écrivit la *Défense de l'Esprit des Lois*. Cette réponse, par son éloquence concluante et sa dignité, fit honte aux pamphlets injurieux que Voltaire lançait contre ses moindres détracteurs. Quant à l'arrêt du tribunal de la maltôte (c'est ainsi que Montesquieu, plein d'un mépris tout parlementaire pour les traitants, désignait le livre écrit dans le salon du fermier-général Dupin), il en appela à madame de Pompadour, dont l'intervention officieuse fit disparaître l'édition entière.

(1) Lettre 45e. Au marquis de Stainville.

L'opinion des salons ne fut pas sans influence sur l'esprit des philosophes. Montesquieu ne devait pas espérer la faveur de ce parti : la modération de ses principes et de son caractère l'avaient rangé dans cette école moyenne du dix-huitième siècle, dont Duclos est l'historien, Vauvenargues le moraliste et Buffon le savant. Au milieu des intrigues et des querelles de cette époque turbulente, il était resté calme et presque impassible; nous avons vu qu'il avait traversé les coteries sans passer sous leur joug, et que, s'il ne fuyait pas la société des gens de lettres, il tenait à ne pas se confondre avec eux. Aucune affection personnelle ne pouvait donc étendre son voile sur les dissidences radicales qui le séparaient des philosophes

Avant même la publication de l'*Esprit des Lois*, Helvétius s'était fait l'interprète du parti qui le comptait parmi ses membres les plus fougueux. Jeune, riche, plein de talent, mais dépourvu d'un titre dont l'éclat eût rehaussé tous ses avantages, il ne cachait pas son mauvais mouvoir contre l'organisation aristocratique de la société française. Dans une lettre qu'il écrivit à Montesquieu en lui renvoyant le manuscrit de son livre, lettre remarquable par la prescience politique, et l'un des plus curieux symptômes de la fièvre révolutionnaire qui, long-temps avant 1789, travaillait, en France, quelques esprits avancés, Helvétius blâmait vivement la modération de l'auteur et son penchant pour les institutions monarchiques; il l'accusait de partialité pour les nobles et les despotes de tout genre, et s'indignait de son admiration pour la constitution anglaise. A cet attirail compliqué, à ces rouages enchevêtrés les uns sur les autres, comme parle ce républicain anticipé, il préférerait une machine plus simple, un pouvoir unitaire, dont la Convention devait réaliser plus tard l'ébauche encore indécise.

L'opinion d'Helvétius sur l'*Esprit des Lois* était partagée par la plupart des philosophes; cependant leur malveillance ne se manifesta guère au dehors, contenue qu'elle était par le souvenir des *Lettres Persanes* et par le désir de se parer aux yeux du public d'une renommée qui, en dépit d'eux-mêmes, grandissait sans effort. Aussi d'Alembert et le chevalier de Jaucourt, au nom des encyclopédistes, sollicitèrent-ils instamment la collaboration de Montesquieu; ils lui offraient les articles *démocratie* et *despotisme*. Mais, en homme habile à ménager ses ressources, persuadé que, reprendre un même sujet, c'est se condamner à d'inévitables répétitions plus ou moins dissimulées par la souplesse et la variété de la forme, il refusa un thème qu'il avait déjà traité, et préféra écrire sur le *goût* quelques pages exquises de tact et de finesse. D'Alembert acquitta la dette de l'*Encyclopédie* par un pompeux éloge de la personne et des œuvres de Montesquieu (1). Ce fut, pour ainsi dire, l'oraison funèbre de ce grand homme. Aussitôt après la publication de son ouvrage immortel, il s'était livré au travail avec ardeur, dans le désir de composer un volume de supplément et de développer par deux nouveaux livres sa théorie des lois féodales. Mais bientôt ses forces trahirent son zèle, et, après quelques années d'un repos forcé, il mourut à Paris, le 10 février 1755, dans l'hôtel de la duchesse d'Aiguillon, à l'âge de soixante-six ans, après avoir reçu les secours de la religion catholique.

La mort de Montesquieu fit éclater la sourde opposition des philosophes. La plus remarquable, sans contredit, des nombreuses critiques que suscita *l'Esprit des lois*, nous la devons à Voltaire. Gentilhomme ordinaire du roi, favori de madame de Pompadour, il ne pouvait être animé par les mêmes griefs qu'Helvétius. Si donc l'auteur *du Commentaire sur quelques principales maximes de l'Esprit des lois*, mit tant de restrictions à ses éloges, ce dut être jalousie d'une gloire rivale de la sienne et ressentiment de plusieurs épigrammes trop justes pour être jamais pardonnées.

Montesquieu était du petit nombre des indépendants, qui, rebelles à l'engouement de tout leur siècle, ne se prosternaient pas devant le génie de Voltaire. Il ne le trouvait pas beau, mais *seulement joli* (2), et lui reprochait sa partialité : « Voltaire, disait-il, n'écrira » jamais une bonne histoire. Il est comme les moines qui n'écrivent » pas pour le sujet qu'ils traitent, mais pour la gloire de leur ordre. » Voltaire écrit pour son couvent (3). » Mais du moins l'auteur de Zaïre et de Mahomet sera-t-il mieux traité que l'historien de Charles XII ? Hélas! non. Pénétré de l'étude des tragiques grecs, Montesquieu ne reconnaissait pas d'autre élément dramatique que la terreur,

(1) Sixième volume de l'*Encyclopédie*.

(2) OEuvres de Montesquieu. *Pensées diverses :* Des modernes.

(3) *Ibidem*.

et préférait les créations sauvages de Crébillon aux enfants de cette Muse, dont Racine avait adouci et Voltaire énervé le génie. Montesquieu ne montre pas plus de faveur pour la personne que pour les ouvrages de son illustre émule. Apprend-il la fâcheuse rupture du roi de Prusse et de son hôte: « Bon esprit vaut mieux que bel esprit (1), » écrit-il en souriant, doublement heureux de dire une malice et de faire une antithèse. Il ne manquait point d'officieux pour répandre ces épigrammes. Avide de scandales littéraires, le dix-huitième siècle devait souhaiter ardemment qu'entre les deux rivaux s'engageât une lutte dont l'issue n'eût pas laissé d'être incertaine. L'un était si fort et l'autre si agile! Ce spectacle désiré n'eut pas lieu. Voltaire et Montesquieu se lancèrent de loin des traits acérés, mais sans en venir à un combat corps à corps. Une nouvelle *Défense de l'Esprit des Lois* n'était plus à craindre lorsque Voltaire prit la peine d'écrire tout un volume pour commenter le mot de madame Dudeffand, qu'il regrettait de ne pas avoir dit le premier.

Ainsi combattu par toutes les puissances du temps, les femmes et les philosophes, *l'Esprit des lois* n'obtint pas parmi nous, dès son apparition, l'autorité qu'il méritait.

Hors de France, son succès fut rapide et incontesté. A l'abri des influences particulières qui altèrent toujours quelque peu le jugement des contemporains, ignorant l'auteur et ne connaissant que l'œuvre, les étrangers jugent aussitôt les livres d'une portée générale, avec l'impartialité et l'indépendance de la postérité : l'*Esprit des lois* fut traduit dans toutes les langues. Montesquieu trouva en Angleterre une foule de partisans et d'admirateurs, Horace Walpole, entre autres, qui a fait de lui ce bel éloge, qu'il était le dernier écrivain du siècle de Louis XIV (2); juste appréciation d'un auteur qui, considéré dans l'ensemble de ses ouvrages, ne se distingue pas moins de son temps par la forme que par le fond, et dont le style, précis sans sécheresse et soutenu sans raideur, n'est pas indigne de Larochefoucauld pour l'énergie de la touche et la fierté du tour.

En Italie, deux maîtres illustres, Filangieri et Beccaria, appliquèrent, l'un à la science politique, l'autre à la législation pénale, les

(1) OEuvres de Montesquieu. Lettre 74, à M. de Guasco.
(2) Lettre à madame Dudeffand.

principes du publiciste français. Les colonies anglaises lui surent gré d'avoir prédit leur prochaine émancipation. Washington aimait à reconnaître qu'il avait appris dans *l'Esprit des lois* tout ce qu'il savait de politique, et Montesquieu, se survivant à lui-même dans la sagesse de ce grand homme, prit sa part à la fondation des États-Unis.

En France, son influence sur les esprits et par suite sur les événements, pour avoir été lente à se produire, ne manqua pas de puissance. Helvétius avait jugé l'*Esprit des lois* au point de vue polémique, celui des hommes d'action qui, entraînés dans la mêlée des affaires, considèrent tout système nouveau dans ses rapports avec les intérêts militants, et ne sont frappés que de ce qu'il présente de favorable ou d'hostile soit à leurs préjugés, soit à leurs passions. Helvétius cherchait des armes toutes faites contre le gouvernement de la France. Il ne les trouva pas dans *l'Esprit des lois*, il était donc naturel qu'il combattît Montesquieu comme un ennemi des changements aventureux qu'il méditait. C'est qu'en effet, quels qu'aient été les efforts des partis extrêmes pour accaparer l'autorité de ce grand nom, Montesquieu était fermement attaché à l'ancienne monarchie française, par ses idées, par ses sentiments et par le lien plus étroit de ses préjugés. Il tenait non-seulement aux bases essentielles de ce gouvernement, mais encore à la plupart de ses formes accessoires, de ses maximes, de ses usages. On fera difficilement passer pour un novateur téméraire le publiciste dont voici les premières paroles : « Platon remerciait le ciel » de ce qu'il était né du temps de Socrate, et moi je lui rends grace » de ce qu'il m'a fait naître dans le gouvernement où je vis, et de ce » qu'il a voulu que j'obéisse à ceux qu'il m'a fait aimer. » Celui qui, après un éloge de la division des personnes en plusieurs classes distinctes ajoutait (1) : « Si, depuis deux ou trois siècles, ce royaume a augmenté » sans cesse sa puissance, il faut attribuer cela à la bonté de ses lois, non » pas à la fortune, qui n'a pas cette sorte de constance », n'était pas animé de la passion de tout renouveler en France. Cette approbation formelle, qu'il serait facile d'appuyer d'autres citations non moins explicites, montre assez quelle était l'opinion de Montesquieu sur l'état de sa patrie ; s'il a lancé sur plusieurs institutions secondaires des

(1) *Esprit des lois*, livre XX, chap. XXII.

critiques partielles, c'est qu'il croyait la stabilité du pouvoir assez assurée pour n'être point ébranlée par ses épigrammes. On distingue bien quelque préférence pour la constitution anglaise dans sa manière de présenter le tableau de ce gouvernement; mais entre l'admiration spéculative d'une forme politique et le dessein de la transporter violemment dans un pays qui n'était point préparé à la recevoir, il y avait un abîme. Si au fond de son ame, Montesquieu ressentait quelques vagues atteintes du désir d'innover qui, dans ces temps de fluctuations et d'incertitudes, se balançait avec le respect de la tradition, toute sa personne répugnait à ces velléités. Il pouvait lui convenir de se poser en frondeur; quant à une opposition active, à une hostilité déclarée, il n'y songeait pas.

Mais la Providence ne consulte pas les hommes sur le rôle qu'elle leur destine; la part volontaire et prévue des actions, l'influence réfléchie des systèmes est souvent la moins considérable; les opinions formulées, les conclusions visibles d'une doctrine ne la composent pas toute entière. L'*Esprit des lois* contenait bien des conséquences cachées, ignorées même de son auteur; elles allaient fructifier au souffle de la controverse.

Dédaigné par les salons et par les coteries, l'*Esprit des lois* trouva dans le sein des parlements et des corps de justice, parmi l'élite du tiers-état et de la noblesse, une jeunesse intelligente, prédisposée à le comprendre et à l'admirer. Il devint la lecture assidue, l'étude chérie de toute une génération qui, préoccupée du besoin de s'instruire des affaires politiques, mais sans direction et sans maître, salua dans Montesquieu le guide qu'elle cherchait. L'émulation des esprits actifs fut vivement excitée par le désir d'atteindre un modèle que personne ne devait surpasser. Montesquieu avait trop souvent laissé deviner sa pensée, pour que chacun ne l'interprétât pas à sa manière; les systèmes les plus contraires pouvaient se disputer le droit de s'abriter à l'ombre de ses théories. Les principes qu'il avait posés furent d'abord appliqués à la critique des lois et de l'administration; puis, les opinions s'enhardissant peu à peu, on en vint à l'attaque de la forme même du gouvernement. Tous ces esprits aventureux qui remuèrent dans des sens opposés le droit public, l'histoire, l'économie politique, l'administration générale: Mably, Quesnay, le marquis de Mirabeau, Forbonnais, Delolme et tant d'autres dont les noms ne sont pas restés; tous, plus ou moins directement, procèdent de Montesquieu. Sans doute, la plupart, disciples plus ardents que le maître, abusèrent de ses doctrines et les tournèrent, selon leur intérêt, dans des sens bien opposés; mais enfin ils cédaient à l'initiative de l'*Esprit des lois*, et de l'impulsion que ce livre avait donnée aux études générales sortit cette confusion de systèmes politiques, financiers, économiques, qui remplirent la seconde moitié du dix-huitième siècle. Leurs auteurs, poussés dans des voies communes par l'amour aveugle du changement, ne devaient reconnaître que le lendemain de la victoire, et sur les ruines de l'autorité, les inimitiés profondes qui les séparaient; et aussitôt cette coalition d'un jour, morcelée en mille partis, commença la grande querelle qui se poursuit et s'achève de notre temps.

L'assemblée constituante sembla, dans ses premiers jours, vouloir s'inspirer de Montesquieu. Mounier, rapporteur du comité chargé de réunir les éléments de la constitution, s'emparait d'un principe de notre publiciste, lorsque, pour prouver la nécessité de son travail, il soutenait que les trois pouvoirs avaient été confondus dans le gouvernement qu'il proposait de renouveler (1). On entendait comme un lointain écho de l'*Esprit des lois*, en écoutant le beau rapport de Bergasse, sur l'organisation des tribunaux; la brillante apologie de la constitution anglaise de Lally-Tollendal; les prudents conseils de Clermont-Tonnerre. Mirabeau lui-même ne dédaignait pas de s'appuyer sur Montesquieu, avant que sa parole ne régnât en souveraine à la tribune, et que sa propre opinion ne fût devenue la plus imposante des autorités. Mais bientôt le génie modérateur qui avait présidé aux meilleures inspirations de l'assemblée s'exila de son sein avec Mounier, Lally Tollendal et Cazalès. L'influence de Montesquieu fut remplacée par celle de Jean-Jacques Rousseau; le *Contrat social* détrôna l'*Esprit des lois*.

Ces deux livres, nés à peu près dans le même temps, diffèrent par les principes autant que par les effets. L'*Esprit des lois*, par sa nature calme, par sa forme discrète et quelquefois obscure, devait concentrer son action dans les classes intelligentes. C'est un de ces ouvrages dont parle Bodin : « qui laissent plutôt en appétit qu'ils ne rassasient ceux qui les ont lus; » il fait penser. Le *Con-*

(1) Assemblée nationale. — *Moniteur*, séance du jeudi 9 juillet 1790.

trat social passionne ; ses axiomes absolus se comprennent aisément, et se gravent d'eux-mêmes dans la mémoire : l'on est tenté aussitôt de les mettre en pratique. Jean-Jacques Rousseau eut comme Montesquieu des disciples qu'il n'eût pas avoués et qui néanmoins se rattachent à ses doctrines, par une tradition certaine, si bien que l'un fut à la Convention ce que l'autre avait été à l'assemblée constituante.

On peut voir, en comparant l'accueil que le souvenir de ces deux publicistes reçut de nos diverses assemblées, sur quelles époques le génie de chacun exerça son influence. Tandis que la mémoire de Montesquieu est délaissée, et sa famille proscrite, la Convention reçoit au Panthéon les cendres de Jean-Jacques Rousseau. Elle se fait présenter sa déplorable veuve, et lui accorde une pension. Deux vieillards qui ont connu Jean-Jacques sont pour ce seul fait admis aux honneurs de la séance. Plus tard, lorsque la tourmente révolutionnaire tendait à s'apaiser, Pastoret propose au conseil des Cinq-Cents de décerner des honneurs publics à l'auteur de l'*Esprit des lois*. Mais en vain l'audacieux Goupil se porte-t-il garant du républicanisme sincère de Montesquieu, et de sa haine violente contre la monarchie; en vain demande-t-il que son buste soit placé dans la salle des séances, vis-à-vis celui de Brutus; il a beau appuyer ce rapprochement insensé par ces incroyables paroles : « Cet aspect annoncera que c'est par la réunion des » lumières de la philosophie et de la chaleur du patriotisme que nous » prétendons opérer la gloire et la prospérité du grand peuple dont » nous sommes les représentants (1). » Sa proposition est rejetée. Dans le même temps, Barrère prenait la plume pour exalter dans un éloge dédié aux *hommes libres*, *l'esprit civique* de Montesquieu (2), et pour essayer de le compromettre dans les excès du régime révolutionnaire ; mais personne ne se laissa prendre à cette apologie perfide.

Il nous faut atteindre le Consulat pour voir reparaître sur la scène le génie de Montesquieu ; cette résurrection sociale fut son triomphe ; il sembla revivre tout entier dans la personne de Portalis, son excellent disciple, qui, par une étude constante, s'était pénétré de ses doctrines et faisait briller dans de sages discours comme un reflet de son style.

(1) Conseil des Anciens. — *Moniteur*, séance du 12 ventose an IV.

(2) *Montesquieu peint d'après ses ouvrages* ; par Bertrand Barrère. An V de la république française.

Le doigt de Montesquieu est empreint sur toutes les institutions qui, à l'honneur du premier Consul, ont reconstitué l'État.

Bientôt se rencontra le meilleur interprète que Montesquieu eût encore trouvé. Tout en contestant la justesse de plusieurs définitions et de certaines vues particulières, M. de Tracy a rendu dignement hommage aux parties éminentes de l'*Esprit des lois*, dans un commentaire qui a relevé l'école du premier de nos publicistes.

III.

Nous avons raconté la vie de Montesquieu ; nous avons fait l'histoire de ses livres. Essayons maintenant de déterminer la tendance générale qu'il a manifestée, la méthode qu'il a suivie dans son œuvre principale, l'*Esprit des lois*.

A l'époque mémorable où ce livre parut, on était à la veille d'un renouvellement complet des opinions en France. La doctrine de l'autorité chancelait ; ses plus récents, ses plus illustres soutiens, Bossuet et Domat, commençaient à être délaissés pour la philosophie de Locke. L'école sensualiste, sans avoir encore développé les conséquences extrêmes qu'elle recélait, faisait chaque jour de nouveaux progrès. Le scepticisme, aux prises avec la tradition religieuse, frayait la route au dogmatisme matérialiste et athée. Les esprits marchaient aveuglément vers l'abîme qui devait engloutir la philosophie du dix-huitième siècle. Montesquieu eut cependant la force de résister au mouvement qui le pressait de toute part. Au milieu des préjugés qui bruissaient, des passions qui fermentaient autour de lui, il conserva l'indépendance et la sérénité de sa haute raison.

Si le sensualisme, dans son caractère essentiel, est, ainsi qu'on l'a défini (1), la négation de toutes les grandes vérités qui échappent aux sens et que la raison seule découvre, rien de moins sensualiste que la notion fondamentale de l'*Esprit des lois*. Les paroles suivantes suffisent pour l'attester : « Avant qu'il y eût des lois faites, il y avait des » rapports de justice possibles. Dire qu'il n'y a rien de juste et d'injuste

(1) Cousin, *Histoire de la philosophie du XVIIIe siècle*. 25e leçon.

» que ce qu'ordonnent ou défendent les lois positives, c'est dire » qu'avant qu'on eût tracé de cercle, tous les rayons n'étaient pas » égaux (1). » Si donc l'équité préexiste à toute institution humaine, la morale n'est pas le résultat de conventions établies arbitrairement selon les lieux, les temps et les personnes. Elle prend sa source dans la conscience. Au-dessus des faits s'élève l'idéal; au-dessus des lois, le droit. Par cette conception première, Montesquieu se rattache à l'école des politiques spiritualistes qui aspirent à organiser l'état, non pas en vue de l'utilité, mais selon l'ordre et la justice.

L'auteur se propose l'étude des constitutions qui, depuis l'origine du monde, régissent les sociétés; il embrassera d'un même regard les lois politiques et les lois civiles, rapprochant ainsi deux sciences parallèles, depuis long-temps trop séparées l'une de l'autre. Aristote, dans sa haute conception de la politique qu'il appelait la reine de tous les arts, n'avait pas manqué d'accorder à la législation une place éminente; mais après lui, personne ne se trouva assez fort pour supporter le fardeau de ses connaissances universelles. Le maître et l'élève eurent des destinées communes. De même que l'empire du monde, après la mort d'Alexandre, tombé entre les mains débiles de ses lieutenants, se fractionna en une foule de souverainetés hostiles, la science, conquise et organisée par le génie encyclopédique d'Aristote, se partagea, dès qu'il eut disparu, en mille branches distinctes. Dès-lors, la politique et la législation furent cultivées séparément. Montesquieu reconnut et rétablit les liens qui unissent l'organisation sociale et l'économie civile des nations.

D'après la déclaration de principes qui ouvre l'*Esprit des lois*, on suppose que Montesquieu va mettre les chartes et les codes en regard de la conscience, afin de les juger selon leurs traits de ressemblance ou de dissemblance avec ce modèle souverain. Mais tel n'est point le dessein de notre publiciste; il abandonne bientôt les spéculations auxquelles il semblait d'abord vouloir s'adonner, pour suivre la méthode expérimentale. Loin de lui la pensée d'assigner un rang aux divers gouvernements, selon leurs défauts ou leurs mérites. Il ne recherche pas s'ils sont vrais ou faux, légitimes ou illégitimes. Caractériser leur nature par leurs effets, distinguer leur principe, mesurer la portée de

(1) *Esprit des lois*, liv. I, chap. 1.

leur action, les considérer isolément, puis dans leurs relations réciproques : voilà son objet ; proportions, ressorts, forces des différentes formes sociales, harmonie ou discordance de leurs fonctions avec les mœurs, le génie et le tempérament des peuples : voilà la base de ses ingénieuses et profondes théories.

De même pour les lois civiles. Montesquieu se préoccupe beaucoup moins d'examiner la *justice* de leurs prescriptions que la *justesse*, la conformité de leurs rapports avec les différents principes sociaux, sous l'influence desquels les législateurs ont été placés. En un mot, cherchez dans l'*Esprit des lois* le publiciste ou le jurisconsulte, vous reconnaîtrez un artiste qui considère l'effet, plutôt qu'un moraliste qui pèse la vertu des choses. Vous ne trouverez pas ici la règle de ce qui *doit*, mais l'explication de ce qui *peut* être.

A Dieu ne plaise qu'en parlant ainsi nous accusions Montesquieu de scepticisme et d'indifférence pour les règles du bien et du mal. Après avoir enseigné que nous devons puiser dans la conscience les motifs de nos jugements, il nous laisse le choix de juger nous-mêmes. S'il omet de comparer les faits qu'il expose aux principes qu'il a posés, ce n'est pas qu'il répudie ces principes, ce n'est pas qu'il nie le droit et la vérité. Absorbé par le spectacle des modifications que la raison humaine, dans son application aux lois politiques et civiles, peut subir sous l'influence des circonstances multiples dont elle est affectée, il a bien assez d'analyser les phénomènes ; il explique les faits, il ne les apprécie pas. Sans doute tous les abus que la conscience réprouve n'ont pas été flétris par lui, mais du moins il n'a rien approuvé de ce que l'on doit flétrir. Le sens moral n'a pas été aboli dans son ame, par les tendances positives qui la dominent, il est vrai, mais sans l'avoir asservie. La sagacité de l'esprit n'a pas étouffé chez lui la délicatesse et la sensibilité natives. Aller plus loin, reprocher à l'auteur d'avoir contenu trop souvent en face de l'injustice l'expression de son indignation ou de son mépris, ce serait critiquer non plus l'exécution mais le plan même de l'*Esprit des lois*. Or il est bon de se souvenir qu'à une observation de ce genre, que lui adressait le ministre de Wurtemberg, Montesquieu répondit fort sensément : « Mon intention a été de faire mon ouvrage, et non pas le vôtre (1). »

(1) Lettre 63, à l'abbé de Guasco.

L'*Esprit des lois* unit, dans des proportions sans doute inégales, des qualités qui s'excluent le plus souvent. Heureuse alliance, qui constitue la physionomie propre de ce livre, qui le fait participer à la fois du système pratique et de la théorie pure ; double puissance du génie de Montesquieu, qui lui permet de s'élever au-dessus de la réalité, sans la perdre de vue : assez loin d'elle pour que rien ne l'arrête ni l'importune dans son libre essor ; assez près, pour ne point se perdre dans les nuages des utopies.

C'est ici qu'il faut indiquer la distance qui sépare les disciples de Montesquieu des partisans de J.-J. Rousseau. L'auteur du *Contrat social* procède par abstraction ; il ne se soucie ni de la différence des temps, ni des diversités traditionnelles ou instinctives qui caractérisent les peuples. Dans son dédain systématique pour les faits, il veut courber toutes les sociétés sous le joug inflexible d'une formule unique. Montesquieu, au contraire, explore attentivement l'histoire et les mœurs ; il ne prétend pas créer les situations et changer les circonstances, mais seulement découvrir les éléments qui existent, et les organiser. Pour lui, le principe de la politique ce n'est ni la raison absolue, ni l'imagination ; c'est la réflexion éclairée et tempérée par l'expérience.

La science politique n'a pas été fondée par Montesquieu ; elle avait avant lui tenté plus d'un esprit supérieur. Combien d'hommes d'état et de simples citoyens s'étaient efforcés de rattacher à des règles certaines les principes par lesquels les sociétés sont ou doivent être dirigées. Mais, parmi cette foule d'écrivains, en est-il plusieurs dont on puisse louer sans restriction l'impartialité ? Toute science, pour être traitée convenablement, exige de celui qui l'embrasse le détachement des sentiments personnels. Cette indépendance n'est pas seulement pour l'intelligence une loi nécessaire, elle devient pour la conscience un devoir aussi rigoureux que difficile à remplir, lorsqu'il s'agit de spéculations qui ont sur l'existence des individus une influence immédiate. Qui oserait cependant affirmer le désintéressement des théoriciens politiques ? Ne voit-on pas que leurs recherches sont toujours tournées vers un but fixé à l'avance, par l'intérêt ou par la passion ? Écoutez celui qui a exercé le pouvoir, qui a vécu au milieu des affaires. Il a mis de côté, assure-t-il, ses souvenirs et ses affections; il se propose d'enseigner dans un dessein général l'art de conduire les états. Étudiez-

vues étendues, prophétiques, voilà ce que Montesquieu a le droit de revendiquer ; de l'autre côté, des théories mesquines, partiales, superficielles, de la hauteur, du bel esprit, un mauvais penchant à décider des questions morales par la raison physique, voilà ce qui n'est pas à lui. L'élévation de son génie, l'étendue et la variété de ses connaissances, cette seconde vue, qui n'est que le talent de déduire avec fermeté les conséquences nécessaires des idées et des faits, ont créé la part la plus considérable. Le reste est le tort de son éducation, de sa profession, le reflet des faux systèmes qui avaient cours de son temps. Le lauréat imbu de l'étude de l'antiquité, le gentilhomme, l'homme de robe, le philosophe du dix-huitième siècle, et d'autres personnages secondaires apparaissent parfois sur la scène de l'*Esprit des lois*; mais ce ne sont là que des épisodes parasites, des intermèdes passagers, qui ne rompent ni l'unité ni l'harmonie de l'action. Quelques vices de détail que l'on puisse reprendre dans les écrits de Montesquieu, personne ne niera que l'on y trouve à chaque page la marque d'un des meilleurs esprits qui aient entrepris d'analyser les éternelles conditions de la société humaine. C'est bien à lui que l'on peut appliquer les paroles que Cicéron adressait aux stoïciens, quand il leur reprochait de lui avoir gâté le rare génie de Caton : « Toutes les qualités » supérieures et divines que l'on admire dans Caton lui appartiennent » en propre : ses légères imperfections ne viennent pas de la nature, » mais des leçons qu'il a reçues (1). »

(1) Oratio pro Murenâ, XXIX.

ERRATA.

Page 7, note, histoire universelle, *lisez* histoire naturelle.
Page 16, ligne 1, noblesse, *lisez* mollesse.

www.ingramcontent.com/pod-product-compliance
Lightning Source LLC
LaVergne TN
LVHW020253230826
846091LV00006B/2390

* 9 7 8 2 0 1 1 7 8 0 4 2 3 *